praktisch anwendbare
Lebenshilfen

DORIS WOLF · MAJA GÜNTHER

Das Lebensfreude Training

16 Tipps für mehr Vitalität, Ausgeglichenheit und Glücksempfinden

PAL Verlagsgesellschaft mbH
Seit über 35 Jahren ist PAL der Verlag für praktisch anwendbare Lebenshilfen aus der Hand erfahrener Psychotherapeut:innen und Coaches.

Bibliografische Information der Deutschen Nationalbibliothek. Die Deutsche Nationalbibliothek verzeichnet diese Publikation in der Deutschen Nationalbibliografie, abrufbar im Internet über http://dnb.d-nb.de

www.palverlag.de
ISBN 978-3-910253-07-0
1. Auflage 2022

Redaktion: Carlo Günther
Korrektorat: Anna Scherer
Cover und Gesamtgestaltung: Karin Etzold
Satz und Druck: Grafik + Druck digital K.P. GmbH, München

Bildnachweis: Alle Bilder von Adobe Stock; Cover: Alekss; Innenteil: (Hand und Blume) ColorValley und Simple Line, (Pfeil IHV) Bonya_06, (Wanderin) MuhammadZulfan

Den Schlüssel zum
Glück findest du
nur in deiner
eigenen Tasche.

Inhalt

Fangen wir an!

Schritt für Schritt zu mehr Lebensfreude

Die Freude über das Leben steckt in jedem Menschen. Du musst nur lernen, sie in dir hervorzurufen.

In diesem Training lernst du, wie das funktioniert. Wir geben dir einfache Strategien und Techniken an die Hand, mit deren Hilfe du negative Gedanken und Verhaltensweisen ablegst und so mit mehr Leichtigkeit durchs Leben gehst.

Damit dir das gelingt, ist es wichtig, dass du dich auf dich selbst konzentrierst und die Aufmerksamkeit auf deine Wahrnehmung richtest. Was löst in dir Glücksgefühle aus? Was magst du gerne? Womit verbindest du schöne Erinnerungen? Gehörst du zu den Menschen, in denen schöne Bilder gute Gefühle hervorrufen, oder bist du eher ein haptischer Mensch, der etwas anfassen muss, um in sich ein gutes Gefühl zu bekommen? Beginne dich im Alltag zu beobachten. Welche Sinneswahrnehmungen machen dich glücklich? Gehe der Reihe nach Riechen, Sehen, Hören, Fühlen und Schmecken durch und notiere dir die Momente, die dich glücklich machen. Ist es eine schöne Musik? Der Kaffeeduft am Morgen? Ein entspannendes Bad? Das Frischegefühl nach der Dusche? Der Geschmack deiner Mahlzeiten?

Ein wunderbares Übungsfeld für die Wahrnehmungen, die bei dir Freude hervorrufen, ist die Natur. Immer, wenn du dich draußen aufhältst, kannst du darauf achten, was um dich herum schön ist und dir Freude bereitet. Sind es die Bäume, das Zwitschern der Vögel, der Geruch von Gras oder Herbstlaub, die Farben der Natur oder die klirrende Winterluft? Wichtig: Deine Wahrnehmung gehört nur dir. Sie hat mit deinen bisherigen Erlebnissen und deinen Erfahrungen zu tun und sie ist der Kanal, der die Welt im Außen mit deinen Emotionen in deinem Inneren verbindet. Um mehr Lebensfreude zu empfinden, ist es wichtig, die Wahrnehmung zu trainieren, die positive Gefühle in dir auslöst, und diejenige zu vermeiden, die negative Gefühle wachruft.

Anhand der folgenden 16 Tipps kannst du dir also immer die Frage stellen, welche Wahrnehmungen besonders gute Gefühle in dir auslösen.

Lebensfreude und Vitalität lassen sich trainieren, weil sie nicht von äußeren Umständen abhängen. Hier findest du 16 einfache Tipps und Anregungen sowie leicht umsetzbare Übungen, die dich aufbauen und deinen Körper, deinen Geist und deine Seele stärken. Ähnlich, wie du die Muskeln deines Körpers durch Training stärken und aufbauen kannst, so kannst du auch deine Lebensfreude-Muskeln trainieren, um mehr und häufiger Lebensfreude zu verspüren. Ob, wann und wie oft wir uns freuen, ist nämlich zum großen Teil von uns selbst abhängig.
Sicher, wenn alles nach unseren Vorstellungen läuft, wir erreichen und besitzen, was wir uns wünschen, und wir uns von unserem Umfeld akzeptiert fühlen, dann tun wir uns leichter, uns zu freuen. Aber auch dann, wenn wir nicht bekommen, was wir uns wünschen, wenn man uns Steine in den Weg legt oder wir uns in einer Krisensituation befinden, müssen wir nicht unglücklich sein und Trübsal blasen.

> *Die gute Nachricht:*
> *Lebensfreude lässt sich trainieren.*

Es gibt einfache und leicht umzusetzende psychologische Strategien, mit deren Hilfe wir die Lebensfreude in uns wecken, sie uns auch in schwierigen Zeiten bewahren oder uns eine Extraportion Lebensfreude holen können. Und das sind die 16 Tipps für mehr Lebensfreude:

Tipp 1
Schwelge in positiven Erinnerungen

Tipp 2
Nutze deine Körpersprache

Tipp 3
Sei dankbar

Tipp 4
Sei hilfsbereit

Tipp 5
Lerne zu verzeihen

Tipp 6
Setz dich in Bewegung

Tipp 7
Gönne dir eine Entspannung

Tipp 8
Übe dich in Achtsamkeit

Tipp 9
Denk an andere

Tipp 10
Akzeptiere, was du nicht ändern kannst

Tipp 11
Nimm dich selbst an

Tipp 12
Genieße dein Essen

Tipp 13
Nutze die Wirkung der Musik

Tipp 14
Sei offen für Neues

Tipp 15
Liebe dich selbst

Tipp 16
Nutze deine Vorstellungskraft

Wichtig zu wissen: Diese 16 Lebensfreude-Tipps bauen nicht aufeinander auf. Du kannst also bei Tipp 1 oder bei Tipp 16 beginnen, nur eines ist wichtig: Lesen allein macht dich nicht glücklicher und zufriedener. Genauso wenig, wie du nur durch ein Lehrbuch über Muskelaufbau deine Körpermuskeln stärken kannst, verspürst du nicht nur durch das Lesen der Tipps in diesem Training mehr Lebensfreude. Nur, wenn du sie in deinem Leben umsetzt, in deinen Alltag aufnimmst und die Lebensfreude-Übungen machst, werden deine Lebensfreude-Muskeln wachsen. Also fang am besten sofort an und lass dich vom Ergebnis überraschen!

Etwas nur zu wissen, genügt nicht –
du musst es anwenden.
Etwas nur zu wollen, genügt nicht –
du musst etwas dafür tun.

Johann Wolfgang von Goethe

Tipp 1

Schwelge in positiven Erinnerungen

Tipp 1

Schöne Erinnerungen können uns in eine gute Stimmung versetzen und viele positive Gefühle wecken, die uns auch durch schwierige Situationen tragen. Jemand sagte mal:

> *Die Erinnerung ist das einzige Paradies, aus dem man nicht vertrieben werden kann.*

Stimmt! Und das ist bereits der 1. Tipp des Lebensfreude-Trainings. Wir können die Erinnerung an positive und schöne Momente nutzen, um jederzeit gute Gefühle zu bekommen. Nimm dir ein wenig Muße und lass deine Gedanken auf Reisen gehen. Suche in deiner Erinnerung nach drei Erlebnissen, während derer du ganz besonders glücklich warst. Am besten wählst du die Erlebnisse aus verschiedenen Bereichen aus – beispielsweise eine positive Erfahrung, die du

- in Verbindung mit deiner Schule, Ausbildung oder deinem Beruf gemacht hast.
- mit Freunden verknüpfst.
- mit deinen Interessen bzw. deinem Hobby verbindest.
- mit deiner Partnerschaft verknüpfst.

- mit deinen Eltern, Großeltern oder Geschwistern verbindest.

Wenn du drei positive Erfahrungen gefunden hast, dann nimm dir eine Erfahrung nach der anderen vor: Male dir die Situation nochmals ganz lebendig aus.

Versuche völlig in die Situation einzutauchen, indem du dir folgende Fragen stellst:

- Wie war das Wetter damals?
- Welche Tageszeit war es?
- Welche Menschen waren anwesend?
- Was genau habe ich gemacht?
- Was war der schönste Augenblick?
- Was habe ich dabei gedacht?
- Wie habe ich reagiert?
- Was habe ich empfunden?
- Warum war dies für mich eine der schönsten positiven Erfahrungen?

Schwelge in dieser schönen Erinnerung. Je lebendiger du dir das Ereignis vor Augen führen kannst, umso stärker wirst du die damit verbundenen positiven Gefühle in dir wachrufen. Und genau darum geht es bei dieser Übung.

Was du für dich gewinnst

Du siehst: Auch wenn du vielleicht schon eine lange Durststrecke hinter dir hast, in der nichts besonders Positives für dich am Himmel war, kannst du von den schönen Momenten in deinem Leben zehren und dir damit deine Lebensfreude und gute Laune zurückerobern – wann immer du willst und so oft du willst. Und noch einen positiven Effekt hat das bewusste Erinnern schöner Dinge: Du trainierst dein Gehirn und tust so etwas für deine geistige Fitness.

Stelle dir am Ende dieser Erinnerungsübung die Frage, welche Auswirkungen die drei positiven Erfahrungen heute noch auf dein Leben haben. Was ist dadurch alles möglich geworden? Nimm die frisch wachgerufenen guten Gefühle mit in die Gegenwart. Es ist auch jetzt und in Zukunft möglich, solche Erfahrungen wieder zu machen. Egal, wie sich dein Leben momentan für dich anfühlt.

Sammle in deinem Leben all diejenigen Dinge, Erfahrungen und Erlebnisse, die dich daran erinnern, welches Glück du hast, auf der Welt zu sein.

Tipp 2

Nutze deine Körpersprache

Tipp 2

Gefühle lassen sich beeinflussen und steuern durch unsere Körpersprache. Begegnest du anderen oder einer Aufgabe mit einer freudigen Körperhaltung, dann wird es dir besser gehen!

Die folgende Übung in diesem Schritt des Lebensfreude-Trainings bezieht sich auf deinen Körper. Vielleicht mag das für dich ein wenig überraschend klingen – wo du doch deine Seele und nicht deinen Körper positiv beeinflussen willst. Aber ich kann dich beruhigen, wir sind noch immer auf der richtigen Spur. Denn Körper und Seele sind ein eingespieltes Team. Du hast es sicher auch schon an dir selbst erlebt. Wenn du erkältet bist, Schmerzen hast oder es dir sonst irgendwie körperlich schlecht geht, dann drückt dies auch auf deine Stimmung. Lebensfreude mag da nur schwer aufkommen. Wenn andere gähnen, dann fühlst auch du, wie die meisten Menschen, den Impuls zu gähnen und dabei kommt tatsächlich Müdigkeit auf. Andersherum hast du sicher schon einmal erlebt, wie das Lachen eines Gegenübers auch dich anstecken kann. Aber du kennst wahrscheinlich ebenso den umgekehrten Zusammenhang. Bist du schlecht drauf, dann hast du vielleicht auch schon mal die Rückmeldung bekommen, dass du so finster guckst, das Genick einziehst oder zusammengesunken wie ein Häufchen Elend dasitzt.

Deine Körperhaltung ist Ausdruck deiner Gefühle. Umgekehrt kannst du aber auch durch das Verändern deiner Körperhaltung deine Gefühle positiv beeinflussen. Diese Verbindung zwischen deinem Seelenleben und deinem Körper kannst du nutzen.

Der 2. Tipp des Lebensfreude-Trainings lautet deshalb:

> ***Nimm eine freudig erregte oder selbstsichere Körperhaltung ein!***

Um das umzusetzen, musst du dich vielleicht erst einmal intensiv beobachten oder wie ein Schauspieler, der eine neue Rolle einübt, vorgehen. Finde heraus, wie du freudige Erregung oder Selbstsicherheit mit deinem Körper ausdrückst. Stell dich dazu einfach mal zu Hause vor deinen größten Spiegel und experimentiere mit deiner Körperhaltung.

Übung: Positive Körpersprache

Du kannst, wenn du magst, erst mal eine ängstliche, unsichere oder ärgerliche Körperhaltung einnehmen. Erstaunlicherweise fällt das den meisten Menschen am leichtesten. Stell dir eine konkrete Situation vor, in der du dich gewöhnlich ängstlich oder unsicher fühlst oder dich ärgerst. Wenn du dir am Anfang vielleicht albern vorkommst, dann denke an den Schauspieler. Auch er muss, ebenso wie du, trainieren, sich in die Person hineinzuversetzen, die sie oder er verkörpern will.

Und nun kommst du zum Kontrastprogramm – zum Hervorkitzeln positiver Gefühle –, wohin du ja auch mithilfe des Lebensfreude-Trainings gelangen willst: Stell dir vor, du wirst von einer rundum positiven Nachricht überrascht und bist ganz aus dem Häuschen. Oder male dir aus, dass dich ein spannendes Erlebnis erwartet, das du schon lange herbeigesehnt hast. Sag dir, gerne auch laut: „Das ist großartig! Alles läuft prima!"

Wenn du es dir lebhaft vorstellen kannst, wirst du bereits ganz automatisch auch eine freudig-erregte Körperhaltung einnehmen. Wenn nicht, dann versuche bewusst die Körperhaltung einzunehmen, die du mit dir in einer solchen Situation verbindest. Welche Mimik würde sich in deinem Gesicht zeigen? Setze diese Mimik ein. Atme so, wie du in einer solchen Situation atmen würdest. Ist dein Oberkörper gerade? Und vergiss auch nicht, deine Freude mit deinen Händen auszudrücken. Spüre und genieße die Freude und positive innere Erregung, die sich einstellen, wenn du deinen Körper in diese Haltung bringst.

Es schadet nichts, wenn du mit dem Schauspielern ein wenig übertreibst. Du willst schließlich die positive Wirkung in dir spüren und vielleicht musst du ja auch herzhaft lachen, wenn du dich in Gute-Stimmung-Pose im Spiegel siehst. Möchtest du lieber in eine selbstsichere Körperhaltung schlüpfen? Dann stell dir dazu einfach vor, dass du gerade eben eine sehr schwierige Aufgabe erfolgreich abgeschlossen hast. Du hast dich selbst übertroffen und bist stolz auf dich. Sag dir: „Ich kann mich auf mich verlassen. Das ist eine prima Leistung." Mal dir aus, wie deine Freunde dir Beifall klatschen und dich bewundern.

Wenn du es dir plastisch vorstellen kannst, wirst du bereits ganz automatisch auch eine selbstsichere Körperhaltung einnehmen. Wenn nicht, dann nimm bewusst die Körperhaltung ein, die du in einer solchen Situation einnehmen würdest. Welche Mimik würde sich in deinem Gesicht zeigen? Setze diese Mimik ein. Atme so, wie du in einer solchen Situation atmen würdest. Und vergiss nicht, dein Selbstvertrauen mit deinen Händen auszudrücken. Spüre und genieße die Gefühle von Stärke und Sicherheit, die sich einstellen, wenn du deinen Körper in diese Haltung bringst. Das Schöne an dieser kleinen Körperübung ist, dass du sie jederzeit einsetzen kannst. Deinen Körper trägst du immer bei dir und deine Körperhaltung kannst du bewusst steuern.

Dein Körper zeigt dir, was du fühlst und denkst.

Tipp 3
Sei dankbar

Tipp 3

Dankbarkeit ist ein wahrer Power-Booster für mehr Zufriedenheit im Leben.

Sicher hast du schon einmal erlebt, dass dir furchtbar übel war und du bereits beim Gedanken ans Essen heftige Ekelgefühle verspürt hast. Vielleicht war eine Magen-Darm-Infektion der Auslöser, vielleicht hast du etwas Falsches gegessen. Und jetzt erinnere dich an den Moment, als du wieder genesen warst und das Essen zum ersten Mal wieder richtig genießen konntest – vermutlich hast du dabei ein tiefes Dankbarkeits- und Glücksgefühl erlebt. Andere Situationen, in denen du dankbar warst, waren vielleicht, dass du von einem schweren Unglück knapp verschont geblieben bist, etwa einem Autounfall, oder ein großes Problem, das dich für lange Zeit gefangen genommen hat, sich irgendwann gelöst hat. Es mag sein, dass du die Dankbarkeit nur ganz still und leise in dir verspürt hast, oder aber auch so heftig, dass du die ganze Welt hättest umarmen können. In jedem Fall fühlt sich Dankbarkeit gut an. Du solltest sie dir deshalb häufiger in dein Leben holen. Und dankbar sein kannst du für vieles. Beispielsweise dafür …

- dass dein Körper und deine Organe gut funktionieren.
- dass du liebe Menschen an deiner Seite hast.
- dass du eine Anstellung hast.
- dass du ein Zuhause hast.
- dass du einem netten Menschen begegnet bist.
- dass dir eine Aufgabe gut gelungen ist.
- dass du etwas Schönes erlebt hast.
- dass deine Eltern für dich gesorgt haben.
- dass du nette Kolleginnen und Kollegen in der Arbeit hast.

Im Grunde genommen kannst du alles zum Anlass nehmen, um dankbar zu sein, denn es gibt in jeder Situation Menschen, die etwas nicht haben, was du besitzt oder erlebst.

Der 3. Tipp des Lebensfreude-Trainings lautet also:

> *Mache es zum Ritual, täglich nach Dingen zu suchen, für die du dankbar sein kannst!*

Du hast dazu verschiedene Möglichkeiten:

- Du kannst unmittelbar dann, wenn du von etwas enttäuscht oder über etwas traurig bist, ganz bewusst nach Dingen suchen, für die du dankbar sein kannst.
- Du kannst dir angewöhnen, vor dem Einschlafen nochmals den Tag Revue passieren zu lassen und dabei die Dinge herauszupicken, für die du dankbar bist.
- Du kannst spazieren gehen und dich dabei bedanken, was du an schönen Dingen beobachtest.
- Du kannst dir ein Tagebuch anlegen, in das du jeden Tag das einträgst, was du wertschätzen möchtest.

Welches Ritual möchtest du dir zu eigen machen? Fange am besten gleich damit an, deinen Radar einzustellen und nach Dingen zu suchen, für die du dankbar sein möchtest. Und fange bei den einfachen Dingen an: Dein Körper und deine Gesundheit sind ein Geschenk. Kümmere dich gut um deinen Körper und drücke damit deine Dankbarkeit aus.

Dankbarkeit erfüllt dein Leben
jeden Tag mit Wärme, Licht und
Zufriedenheit.

Wenn du dankbar bist, offenbarst
du dir deinen inneren Reichtum.

Tipp 4

Sei hilfsbereit

Anderen helfen und diese unterstützen kann sehr befriedigend sein. Deshalb lautet Tipp Nr. 4 des Lebensfreude-Trainings:

> ***Wenn du anderen etwas Gutes tust, dann tust du dir selbst etwas Gutes.***

Die Pfadfinder haben die Devise: „Jeden Tag eine gute Tat“. Und sie haben dabei auch eine wichtige Lebensfreude-Strategie formuliert, die du für dich übernehmen kannst: Hilf anderen und unterstütze sie. Wenn du etwas weggibst und etwas für andere tust, dann gewinnst du dabei viel für dich:

- Du freust dich darüber, dass dein Gegenüber sich freut.
- Du hast ein gutes Gewissen, weil du spendabel oder hilfreich bist.
- Du fühlst dich energiegeladen und du erlebst dich in Kontrolle, weil du aktiv etwas unternimmst.
- Du fühlst dich entspannt, Stressreaktionen werden reduziert und sogar körperliche Schmerzen können dadurch gelindert werden.

- Du fühlst tiefe innere Zufriedenheit und Erfüllung.
- Du fühlst dich mit anderen verbunden.
- Du siehst eine Aufgabe oder sogar einen Lebenssinn.
- Dein Selbstwertgefühl wird gestärkt.
- Körpereigene Schmerzkiller und Wohlfühlhormone werden freigesetzt.

Schreite aber wirklich zur Tat. Geldspenden und anonyme Hilfe können diese positiven Effekte nicht in diesem Umfang bewirken. Nimm dir einfach vor, heute ganz bewusst nach Gelegenheiten Ausschau zu halten, jemandem etwas Gutes zu tun. Noch größer ist die Wirkung für dich und für den anderen Menschen, wenn deine gute Tat für ihn überraschend kommt.

Was du für dich gewinnst

Genieße es, dass du jemandem eine Freude gemacht hast. Tu es für dich, ohne dasselbe vom anderen zurückzuerwarten. Gib es dem anderen als Geschenk und nimm deine eigene Freude dabei wahr.

Etwas von sich geben zu können,
weckt in dir gute Gefühle – und
sie sind die Grundlage, auf der
deine Lebensfreude wachsen kann.

Tipp 5

Lerne zu verzeihen

Groll oder Hass vergiften unser Leben und rauben uns jegliche Lebensfreude. Verzeihen wirkt dagegen wie eine heilsame Medizin für unsere Seele. „Sind wir wieder gut?“ Dieses Angebot hast du wahrscheinlich auch schon einmal gehört. Es ist ein Angebot, das deine Bereitschaft erfordert, zu verzeihen. Vielleicht gehst du manchmal ganz schnell darauf ein, nur um deine Ruhe zu haben und dein Gegenüber von seinen negativen Gefühlen zu befreien.

Manchmal gehst du wahrscheinlich aber auch aus tiefster innerer Überzeugung auf das Angebot ein. Du hast deinem Gegenüber sein ungeschicktes Verhalten, seinen Fehler oder seine Kränkung verziehen und bist wieder offen für neue Erfahrungen mit ihm. Dann spürst du auch, welche positiven Folgen das Verzeihen für dich haben kann:

Tipp 5 des Lebensfreude-Trainings lautet deshalb:

> *Verzeihe anderen.*

Was du für dich gewinnst

Wenn du anderen verzeihst, dann passiert Folgendes:

- Deine Gedanken kreisen nicht mehr ständig um dieses negative Erlebnis und du hast wieder mehr Freiraum für die Eindrücke im Hier und Jetzt.
- Körperlich fühlst du dich entlastet, der Druck im Magen oder in der Brust ist weg, du fühlst deine Energie wieder fließen.
- An die Stelle von Wut und Kränkung treten Gelassenheit und innere Ruhe.
- Du kannst auch wieder die positiven Seiten am anderen sehen und wieder Nähe und Liebe ihm gegenüber verspüren.
- Wenn du an den anderen Menschen denkst oder ihr oder ihm begegnest, bist du ihm gegenüber wieder offen.

Nutze also die positive Energie des Verzeihens, um mehr Lebensfreude zu verspüren. Wenn du innerlich eine Stimme hören solltest, die dir zuflüstert: „XY verdient es nicht, dass du ihr oder ihm verzeihst, weil du im Recht bist“, dann erinnere dich daran: Verzeihen bedeutet nicht, Kränkungen oder schlimme Taten gutzuheißen. Wenn du einem anderen Menschen vergibst, dann tust du das deinetwegen und nicht, weil er es verdient hat.

Verzeihen ist schwieriger als verurteilen, aber es lohnt sich um ein Vielfaches: Es kann dein Leben erleichtern.

Tipp 6

Setz dich in Bewegung

Tipp 6

Körperliche Bewegung baut Stress ab und ist ein gutes Antidepressivum. Deshalb lautet Tipp Nr. 6 des Lebensfreude-Trainings:

Setz dich in Bewegung und du bewegst viel.

Wenn du zwei gesunde Beine hast, dann besitzt du bereits ein wirkungsvolles Instrument, um deine Lebensfreude zu steigern. Regelmäßige Bewegung, insbesondere das Gehen, Walken, Nordic-Walking, Jogging oder Rennen, wirkt ausgleichend auf deinen Körper, aber auch auf deinen Geist. So bekommst du nicht nur gute Laune, Bewegung

- hilft dir, Depressionen zu überwinden. Dein Körper setzt körpereigene Schmerzmittel und sogenannte Endorphine frei, die in dir ein Glücksgefühl erzeugen.
- kurbelt den Energieverbrauch an, steigert den Grundumsatz des körperlichen Stoffwechsels in deinen Zellen. So hilft dir Bewegung, Kalorien und Körperfett zu verbrennen – und damit beim Abnehmen.
- senkt deine Blutdruckwerte sowie die Gerinnungsneigung des Blutes.

- hilft dir, Stresshormone, die auch für einen erhöhten Blutfettspiegel verantwortlich sind, abzubauen.
- hilft, ein gesundes Zuckerniveau im Körper zu erhalten.
- stärkt dein Immunsystem.
- hilft, dein Risiko für Herz-Kreislauf-Erkrankungen zu senken.
- hilft dir, Anspannung abzubauen.
- sorgt für eine bessere Sauerstoffversorgung, die deinem Gehirn zugutekommt und deine Kreativität steigert.

Alternativen für Bewegungsmuffel

Möglicherweise gehörst du nicht zu den Menschen, die sich um Bewegung reißen. Wenn du dennoch ausprobieren willst, wie sich regelmäßige Bewegung auf deine Stimmung auswirkt, dann kannst du schrittweise vorgehen:

Beginne damit, an zwei bis drei Tagen in der Woche zehn Minuten am Tag schnell zu gehen oder zu laufen und steigere dieses Pensum langsam, bis du bei mindestens 30 Minuten dreimal in der Woche angekommen bist. Den positiven Effekt für deine Gesundheit kannst du durch ein kurzes intensives 30-Minuten-Training oder langsameres und dafür längeres 60-Minuten-Training erreichen (jeweils drei- bis fünfmal wöchentlich).

Wenn Laufen nicht dein Ding ist, stehen dir andere Möglichkeiten zur Verfügung, dir Bewegung zu verschaffen:

- Wenn du gerne gärtnerst – warum dich nicht nach einem Kleingarten umschauen?
- Wenn du gerne Rad fährst – warum nicht den üblichen Einkauf mit dem Fahrrad erledigen?
- Wenn du Tiere liebst – warum nicht zwei- bis dreimal pro Woche einen Hund aus dem Tierheim ausführen?
- Wenn du gerne putzt, dann putze deine Wohnung besonders intensiv oder biete einer Freundin an, ihr beim Putzen ihrer Wohnung zu helfen.
- Wenn du gerne tanzt – warum nicht zu Hause regelmäßig deine Lieblingsmusik auflegen und eine Runde tanzen?

Experimentiere einfach mit unterschiedlichen Arten, dich zu bewegen. Wichtig ist, dass es dir Spaß macht, dich zu bewegen, sonst spürst du statt Lebensfreude nur Druck und Frust.

Jedes Leben ist Bewegung.
Wenn du dich in Bewegung setzt,
folgst du dem Leben und erhältst
neue Kraft.

Tipp 7

Gönne dir Entspannung

Aktivsein vermittelt das Gefühl, lebendig zu sein. Chronische Anspannung schadet jedoch auf Dauer. Dagegen hilft, sich immer wieder bewusst Momente der Ruhe zu suchen, in denen du zu dir kommen kannst.

Hast du das auch schon erlebt? Du bist verärgert über ein Ereignis, etwa über einen Streit am Vorabend mit deiner Partnerin oder deinem Partner, hast Angst vor einer bestimmten Begegnung, wie einem Besuch beim Zahnarzt, oder bist eifersüchtig, zum Beispiel auf eine Kollegin. Und am Abend fühlst du dich völlig ausgelaugt, weil dein Körper und dein Geist permanent angespannt sind. Dieses Phänomen ist ein Erbe, das wir alle von unseren Vorfahren übernommen haben. Immer dann, wenn wir uns bedroht fühlen, macht sich unser Körper bereit – entweder zum Kampf mit oder zur Flucht vor dem Feind. Eine dritte Möglichkeit ist, dass er erstarrt, weil er den Feind nicht auf sich aufmerksam machen will. In jedem Fall sind Körper und Geist in höchstem Maß aktiviert und angespannt, um hellwach zu sein und blitzschnell reagieren zu können. Das Problem dabei ist: Diese Reaktionsweise zeigen wir nicht nur, wenn wir in Lebensgefahr sind, sondern auch, wenn wir glauben, unsere Ehre oder unser Selbstwertgefühl sei in Gefahr. Dieses Reiz-Reaktions-System funktioniert aber auch umgekehrt und das kannst du dir zunutze machen, um dein Wohlbefinden und deine innere Zufriedenheit zu steigern. Erinnere dich daran, wie wohlig du dich fühlst, wenn du mal ganz entspannt und locker bist. Vielleicht fühlst du auch, wie Wärme und Energie deinen Körper durchströmen.

Deshalb lautet Tipp Nr. 7 des Lebensfreude-Trainings:

> *Bringe dich regelmäßig in einen Zustand der Entspannung!*

Dieses Ziel kannst du mit ganz unterschiedlichen Entspannungsverfahren erreichen. Hier eine Methode, die ohne allzu lange Übung und Zeitaufwand funktioniert.

Die Ampelübung

Stell dir vor, du musst bei Rot an einer Ampel halten und willst schnell etwas Gutes für dich tun, anstatt dich über das Rotlicht zu ärgern.

- Spanne hierzu einmal kurz, für ca. 15 Sekunden, alle Muskeln deines Körpers an, vom Nacken bis zu den Füßen – allerdings nur so viel, dass du nicht verkrampfst.
- Zähle dabei von 1 bis 15 (also: eintausendundeins, eintausendundzwei ... eintausendundfünfzehn).
- Danach löse die Anspannung wieder und versuche, alle Muskeln locker zu lassen.

Wenn du die Ampelübung zu Hause machst, kannst du sie mehrmals hintereinander wiederholen, bis du merkst, dass die Spannung dauerhaft nachgelassen hat. Der Clou: Durch diese Übung lernst du auch deinen Körper besser kennen. Du lernst, Anspannung schneller wahrzunehmen und so bewusst und früh gegenzusteuern. Wenn du lieber eine andere Methode einsetzen willst, um dir entspannte Momente zu gönnen, ist das auch wunderbar. So können zum Beispiel ein warmes Bad, ein Spaziergang, ein warmes Getränk, eine schöne Musik oder Lesen auch großartige Entspannungsmethoden sein. Wichtig ist, dass du dir Zeit dafür nimmst.

Nutze ab und zu den Energiesparmodus. Ein entspannter Körper tut sich leichter, Freude zu empfinden.

Tipp 8

Übe dich in Achtsamkeit

Sich bewusst auf das konzentrieren, was man gerade tut, und dabei wachsam seine Sinne schärfen, ist eine wirksame Methode für mehr Zufriedenheit im Leben. Sie stammt aus dem Buddhismus und hilft heute vielen Menschen in unserer westlichen Welt. Wenn es dir wie den meisten Menschen geht, dann kreist in deinem Kopf permanent ein Gedankenkarussell. Du beschäftigst dich mit Ereignissen aus der Vergangenheit oder machst dir Sorgen um die Zukunft. Wahrscheinlich werden es meist negative Gedanken sein, mit denen du deinen Körper in Spannung versetzt, dir Energie raubst und deine Stimmung beeinträchtigst. Vor lauter Gedanken an die Vergangenheit oder die Zukunft vergisst du das Heute, das Hier und das Jetzt.

Tipp Nr. 8 des Lebensfreude-Trainings lautet deshalb:

> *Werde achtsam für die kleinen Dinge im Leben!*

Unter Achtsamkeit verstehen wir eine offene und akzeptierende Haltung gegenüber allem, was man im Augenblick wahrnimmt. Zu den Wahrnehmungen können Gedanken, Fantasien, Erinnerungen, Gefühle, Sinneserfahrungen, körperliche Reaktionen und äußere Vorgänge gehören. Durch Achtsamkeit begegnen wir den Erlebnissen und Herausforderungen unseres Alltags mit der Einstellung: „Ich bin neugierig auf alles, was kommt. Es ist in Ordnung." Oder: „Aha, so fühlt sich Wut, Angst ... an." Und dann nehmen wir einfach nur wahr, was wir betrachten, und enthalten uns jeglicher Wertung! Wenn es regnet, dann ärgern wir uns nicht über das schlechte Wetter, sondern achten auf die Bewegung der Wolken, das weiche Tageslicht oder die Tropfen, die an der Fensterscheibe oder unserem Schirm entlanglaufen. Dadurch werden wir ruhiger und gelassener.

Eine Achtsamkeitsübung

Wähle eine Alltagssituation aus, beispielsweise das abendliche Zähneputzen. Achte eine Woche lang jeden Tag genau darauf, wie du dabei dastehst, wie sich die Zahnbürste im Mund anfühlt, welche Beschaffenheit und welchen Geschmack die Zahnpasta hat und wie er sich im Laufe des Zähneputzens verändert, wie du atmest, wie du den Kopf hältst und so weiter. Mach dir deine Sinneswahrnehmungen bewusst: Was empfindest du in diesem Augenblick? Wo empfindest du etwas?

Du wirst wahrscheinlich zu Beginn der Achtsamkeitsübung immer wieder einmal in deinen Gedanken abschweifen, zu den Erlebnissen des Tages zurück oder zu den bevorstehenden. Lass diese Gedanken zu und dann verabschiede dich von ihnen und kehre zurück zum Zähneputzen. Keine Sorge, mit zunehmender Übung wird dir die Konzentration auf das, was du tust, immer leichter fallen. Und du wirst eine wunderbare Entdeckung machen: Achtsamkeit hilft dir, den Augenblick mehr zu genießen und deine Emotionen zu beruhigen. Du kannst die Übung auf jede einzelne Handlung ausweiten, die du im Lauf eines Tages ausführst. Wenn du Wäsche aufhängst, konzentriere dich nur auf die Wäsche. Rieche die frisch gewaschene Wäsche, schlage sie glatt, bevor du sie auf die Leine hängst, schau dir die Kleidungsstücke an, die du in der Hand hast, und kümmere dich ausschließlich darum. Wenn du kochst, dann versuche alle Stressgedanken ziehen zu lassen und dich ausschließlich auf das Kochen zu konzentrieren.

Was du für dich gewinnst

Wenn es dir gelingt, in dem Moment bei der Sache zu sein, die gerade an der Reihe ist, kannst du deine Wahrnehmung auf das lenken, was gut daran ist. Lebensfreude kann schon entstehen, wenn ich mich über die Farbe einer Tomate, die Form einer Sternfrucht, den Geruch eines Gewürzes oder die Wärme eines Ofens freue und mir bewusst mache, was die Natur uns so alles schenkt.

Wohin du deine Aufmerksamkeit lenkst, dahin fließt deine Energie.

Tipp 9

Denk an andere

Je intensiver du dir vorstellst, wie du anderen deine Liebe zeigst, desto stärker wird die Liebe in dir entfacht. Wenn es dir wie fast allen Menschen geht, dann sehnst du dich nach Liebe und Anerkennung. Du möchtest von wichtigen Menschen, deiner Partnerin oder deinem Partner, deinen Eltern und deinen Freunden akzeptiert werden und tust vielleicht eine Menge dafür, diese Anerkennung zu bekommen. Vielleicht stellst du dafür sogar deine eigenen Wünsche zurück und verzichtest häufig darauf, das zu tun, was dir wichtig ist. Dann kennst du den Preis, den du für deine Sehnsucht nach Anerkennung zahlen musst. Du fühlst dich häufig ausgenutzt, nicht wichtig genommen und ungeliebt. Die Liebe und Anerkennung, die du dir so sehr wünschst, werden dir nicht oder nur sehr selten entgegengebracht.

Tipp Nr. 9 des Lebensfreude-Trainings lautet:

> ***Rufe die Liebe, die du dir von anderen wünschst, in dir selbst wach und zeige sie!***

Vielleicht fragst du dich nun, wie das gehen soll. Im Grunde genommen ist es ganz einfach: Wann immer du

Liebe in dir spüren möchtest, denke an einen Menschen, dem du Liebe senden möchtest, deinen Partner, deine Kinder, deine Freunde, deine Eltern. Das ist das ganze Geheimnis. Je stärker du dir diesen Menschen vor Augen führst und dir vorstellst, wie du ihm deine Liebe durch Worte oder Taten zeigst, desto stärker wird die Liebe in dir entfacht. Man könnte auch sagen: Machst du dir liebevolle Gedanken, dann spürst du auch Gefühle der Liebe und Wärme. Du musst also nicht darauf warten, bis ein anderer Mensch dir etwas Nettes sagt oder dir Anerkennung zeigt. Du selbst hast in dir quasi eine Quelle, aus der Liebesgefühle entspringen und die niemals versiegt: Denke mit Liebe an einen anderen Menschen, wenn du dich geliebt fühlen willst.

Was du für dich gewinnst

Ein weiterer Weg, liebevolle Gefühle zu verspüren und von der Anerkennung der anderen unabhängiger zu werden, besteht darin, dass du lernst, dich selbst zu lieben. Nimm das Beispiel von eben und stelle dir vor, wie du einem Menschen deine Zuneigung und Liebe gibst. Im nächsten Schritt mach dir Gedanken, dass du ein genauso wertvoller Mensch bist wie der andere. Du solltest dir selbst mindestens genauso viel wert sein, wie andere Menschen dir wert sind. Du bist der Mensch, der dich selbst am besten kennt und der weiß, was du brauchst und fühlst. Erstelle ein neues Bild in deinem Kopf, in dem du einen unfassbar großen Wert hast. Behandle dich selbst genauso liebevoll und wertschätzend, wie du den dir liebsten Menschen behandeln würdest.

Bringe jedem Menschen Wertschätzung und Liebe entgegen unabhängig davon, ob er sie erwidert, noch ob er dich enttäuscht. Denn es ist deine Haltung, die du damit stärkst, und dein Licht, mit dem du deine Welt erhellst.

Tipp 10

Akzeptiere, was du nicht ändern kannst

Tipp 10

Andere können deine Lebensfreude nicht zerstören, wenn du ihnen erlaubst, so zu sein, wie sie sind.

Du hast es sicher auch schon oft erlebt: Wann immer du dich ärgerst, verlierst du automatisch deine Freude und gute Stimmung. Und das ist auch ganz logisch, denn hinter Ärger verbirgt sich die Einschätzung, dass irgendetwas bedrohlich für deinen Selbstwert oder deine Bedürfnisse ist. Und wenn es darum geht, sich selbst verteidigen zu müssen, dann ist gute Laune erst mal fehl am Platz. Nun geht es aber bei unserem Ärger in Wirklichkeit nicht immer oder nur selten um eine echte Bedrohung. Wir bringen es sogar fertig, uns über Lappalien zu ärgern. Später, mit etwas Abstand betrachtet, wundern wir uns dann vielleicht selbst, wie wir uns so in die Sache hineinsteigern konnten.

Deshalb lautet Tipp Nr. 10 des Lebensfreude-Trainings:

> ***Nimm es hin, wie sich andere dir gegenüber verhalten – für den Augenblick!***

Wenn dir im Umgang mit anderen etwas gegen den Strich läuft und du dich angegriffen fühlst, dann musst du nicht das Opfer anderer sein. Sofern du nicht in Lebensgefahr bist, hast du einen großen Spielraum, mit der Situation umzugehen. Denn deine Einstellung bestimmt deine Gefühle. Und diese kannst du in jedem Augenblick wählen.

- Du kannst einen anderen Menschen als deinen Feind ansehen, der dich absichtlich verletzen und demütigen will und deshalb eine Bestrafung verdient hat.
- Du kannst das Verhalten des anderen als Abwertung deiner gesamten Person interpretieren und dich gekränkt fühlen.
- Du kannst das Verhalten des anderen für den Augenblick akzeptieren und dir überlegen, wie du dennoch dein Ziel erreichen kannst.

Kannst du dir vorstellen, welche Vorteile es haben könnte, das Verhalten deines Gegenübers für den Augenblick zu akzeptieren? Nun, wenn du ihm innerlich die Erlaubnis zu seinem Verhalten gibst, dann fühlst du dich frei und unabhängig anstatt bedroht. Du denkst vielleicht: „Es ist, wie es ist“, „Ich bin nicht in Lebensgefahr. Diese Situation kann ich meistern“ oder „Ich akzeptiere sein Verhalten, auch wenn ich es nicht gutheiße. Das ist alles, was er im Augenblick tun konnte“.

Was du für dich gewinnst

Die Folge dieser positiven Einstellung: Anstelle tiefer Verärgerung verspürst du möglicherweise nur eine leichte Unzufriedenheit oder Enttäuschung. Weil du nicht in Kampfstimmung bist, wirst du viel kreativer, Lösungsmöglichkeiten für dein Problem zu finden. Und wenn du das Problem tatsächlich nicht aus der Welt schaffen kannst, ist es allemal besser, die Situation zu akzeptieren, als gegen eine unveränderliche Situation anzukämpfen. Akzeptanz ist der Königsweg zu innerer Gelassenheit und Lebensfreude.

> *Glücklich und zufrieden sein, bedeutet nicht, dass alles perfekt ist. Es bedeutet, dass du dich entschieden hast, die Unvollkommenheit für den Augenblick zu akzeptieren.*

Damit dir das leichter gelingt, kannst du einmal folgende Perspektive einnehmen: Stell dir vor, dass jeder

Mensch im Rahmen seiner Möglichkeiten sein Bestes tut. Der Rahmen ist jedoch von Mensch zu Mensch verschieden. Mit dem Rahmen ist hier sein Handlungsspielraum gemeint und gleichzeitig seine innere Einstellung. Dieser hängt von seinen Erfahrungen und Erlebnissen ab und davon, wer ihn wie geprägt hat. Stelle dir bildlich einen Bilderrahmen vor, durch den dieser andere Mensch schaut.

Mach dir bewusst, dass jeder Mensch in derselben Situation unterschiedlich handelt, weil er etwas anderes sieht. Legt er ein Verhalten an den Tag, das dich verärgert, dann macht er es in der Regel nicht extra, um dich zu ärgern. Er schaut durch seinen Rahmen und sieht einen anderen Zusammenhang als du. Deshalb verhält er sich anders, als du es an seiner Stelle tun würdest. Versuche den anderen nicht zu bewerten. Interpretiere sein Verhalten nicht, sondern konzentriere dich darauf, dass es dir gut geht. Mehr noch: Genieße, dass du dich in derselben Situation anders verhalten würdest. Freu dich über deine Einsicht und genieße, dass du anders und gut bist, genau so, wie du bist.

Du kannst die Welt nicht ändern – wohl aber deinen Blick auf die Welt, deine Einstellung und dein Handeln. Jeden Tag aufs Neue.

Tipp 11

Nimm dich selbst an

Apropos perfekt: Wer sich selbst ablehnt, verbaut sich die wichtigste Voraussetzung für ein erfülltes Leben.

Freude kannst du empfinden, wenn dir etwas gelingt oder Spaß macht und wenn andere Menschen dir etwas Gutes tun oder Nettes sagen. Immer aber ist dazu auch ein positives Selbstgespräch notwendig. Denn du kannst jedes Lob und Kompliment kaputt machen, indem du es innerlich abwertest.

So könntest du dir erzählen, dass der andere nur etwas von dir will, wenn er dich lobt, oder dass er deine Schwächen nicht kennt. Auch kannst du die Freude an einem Erfolg zerstören, indem du deinen Blick schon auf das nächste Ziel richtest oder deinen Erfolg für Glückssache hältst. Hinter dieser Selbstsabotage steht ein geringes Selbstwertgefühl bzw. Selbstablehnung. Wenn du dich selbst ablehnst, nimmst du dir viele Möglichkeiten, Lebensfreude zu verspüren.

Deshalb lautet der Tipp Nr. 11 des Lebensfreude-Trainings:

Nimm dich selbst an – unabhängig von deinem Tun und deinen Gefühlen!

Vielleicht wendest du nun ein, dass du dich erst noch in bestimmten Punkten verändern musst, um dich annehmen zu können. Das ist ein großer Denkfehler. Du kannst dich annehmen, auch wenn du nicht perfekt bist. Perfekt ist übrigens kein Mensch auf dieser Erde. Es ist ganz in Ordnung, wenn du ein bestimmtes Verhalten oder Gefühl von dir selbst in einer konkreten Situation nicht magst. Das ist jedoch kein Grund, dich als Person abzulehnen und zu verurteilen.

Lerne, dich selbst mehr anzunehmen. Mache dir die Einstellung zu eigen: *„Ich liebe und akzeptiere mich, so wie ich in diesem Augenblick bin und mich verhalte. Das ist alles, was ich tun kann, in Anbetracht meiner Lebensgeschichte, meiner Bedürfnisse, meiner Einstellungen, meiner momentanen Stimmung, meiner Erwartungen … Für die Zukunft kann ich mich darum bemühen, mich in diesem Punkt zu verändern."*

Was du für dich gewinnst

Du wirst bemerken, dass du mit einer solchen Einstellung deine Lebensfreude zurückholen kannst. Und in Zukunft wird sie dann häufiger zu Gast bei dir sein. Innere Stärke und Selbstvertrauen können sich nur in dir und durch eine positive Haltung dir gegenüber entwickeln.

Du bist wunderbar,
du bist einzigartig
– aber du bist
nicht perfekt!

Tipp 12

Genieße dein Essen

Genießen zu können tut Leib und Seele gut. Und Genießen fängt beim Essen an. Hast du dich auch schon einmal dabei ertappt, dass vor dir ein leerer Teller stand und du nicht wusstest, wie sein Inhalt in deinen Magen gelangt ist? Dann weißt du, wie es ist, wenn du dich nicht auf deine Sinneswahrnehmungen, sondern auf deine Gedanken, die Sendung im Fernsehen, den Chat im Netzwerk oder auf dein Gegenüber konzentrierst. Von Genuss keine Spur, du hast dir lediglich Kalorien einverleibt und eigentlich nichts von ihnen gehabt, außer einem gefüllten Magen. Das ist schade, denn der Genuss ist eine sehr einfache Möglichkeit, dir positive Gefühle zu verschaffen.

Mutter Natur hat es so eingerichtet, dass die Nahrungsaufnahme für uns belohnend ist. Zumindest früher war es der gerechte Lohn für die aufwendige Nahrungssuche. Heute müssen wir zwar nicht mehr durch Wald und Wiesen streichen, um an etwas Essbares zu kommen, aber wir sollten uns dennoch genügend Zeit fürs Essen nehmen.

Deshalb lautet Tipp Nr. 12 des Lebensfreude-Trainings:

Genieße dein Essen und hab Spaß daran!

Nehmen wir einmal an, du willst diesen Lebensfreude-Tipp sofort bei deiner nächsten Mahlzeit umsetzen. Dann musst du dir zunächst die Erlaubnis zum Genießen geben und dir Zeit dafür einräumen. Selbst wenn du dir nicht mehr Zeit als sonst zum Essen gönnen willst, kannst du zumindest während des Essens alle Probleme und Sorgen auf später verschieben. Nimm im zweiten Schritt nacheinander alle deine Sinne bewusst wahr und experimentiere mit ihnen:

1. Experimentiere mit deinem Sehsinn!

Was siehst du auf deinem Teller? Schau dir die einzelnen Bestandteile des Essens, deren Farbe, Form, Struktur und Anordnung genau an. Wie würdest du das Gericht einer anderen Person beschreiben? Wie verändert sich das Gericht während des Essens und im Laufe der Zeit?

2. Experimentiere mit deinem Berührungssinn!

Wenn es die Lebensmittel zulassen, nimm sie in die Hand und spüre, wie sie sich anfühlen. Sind sie hart oder weich, kalt oder warm, schwer oder leicht? Gibt es ein Innen und ein Außen? Dann schiebe sie nacheinander in den Mund und spüre, wie sich die einzelnen Bestandteile des Gerichts im Mund anfühlen? Schiebe sie ein wenig auf der Zunge hin und her. Lasse sie ein wenig im Mundraum umherwandern. Beiße auf sie und spüre ihre Konsistenz. Spüre, wie es sich anfühlt, wenn du die zerkleinerten Bestandteile im Mund hast. Wann hast du das Gefühl, sie hinunterschlucken zu wollen? Schlucke sie hinunter und spüre, wie sie sich dabei anfühlen. Experimentiere auch damit, wie groß die Bissen sind, die du in den Mund steckst. Nimm abwechselnd eine größere und eine kleinere Menge in den Mund. Was verändert sich? Wende den Bissen so, wie du es im Mund als angenehm empfindest.

3. Experimentiere mit deinem Geruchssinn!

Führe die Gabel oder den Löffel zum Mund und rieche einmal ganz bewusst an den einzelnen Bestandteilen deines Gerichts. Wonach riechen sie? Nach dem Produkt, nach Gewürzen, nach Fett? Wie verändert sich der Geruch im Laufe der Zeit? Woran erinnert dich der Geruch? Was erzählt der Geruch dir von dem Ort, von dem das Produkt herkommt?

4. Experimentiere mit deinem Geschmackssinn!

Wie schmecken die einzelnen Bestandteile deines Gerichts: salzig, süß oder sauer, aromatisch oder fad, bitter oder angenehm? Woran erinnert dich der Geschmack? Nimm ein kleines Stück oder eine kleine Menge davon auf die Zungenspitze. Schiebe sie im Mund hin und her. Schmeckt sie an unterschiedlichen Orten im Mund unterschiedlich? Verändert sich der Geschmack mit der Zeit, in der dein Essen im Mund ist? Wie verändert sich der Geschmack, wenn du draufbeißt? Wie lange schmeckt der Bissen nach, wenn du ihn bereits hinuntergeschluckt hast? Was schmeckt dir besonders gut?

5. Experimentiere mit deinem Hörsinn!

Wie hört es sich an, wenn du die Bestandteile deines Gerichts zerbeißt? Knirschen oder knacken sie? Was hörst du, wenn du sie hinunterschluckst?

Was du für dich gewinnst

Du siehst, es gibt beim Essen viel zu entdecken, und du kannst viele Sinneswahrnehmungen verspüren, wenn du ihnen deine Aufmerksamkeit schenkst. Einen noch größeren Genuss kannst du haben, wenn du die Lebensmittel selbst einkaufst und dein Essen selbst zubereitest.

Auch Abwechslung in den Speisen ist ein wichtiger Schlüssel für den Genuss. Wenn du etwas immer haben kannst, hängt es dir irgendwann zum Hals oder zu den Ohren heraus und der Verzehr macht dir kaum noch Spaß. Das Geheimnis des Genießens liegt darin, sich in diesem Augenblick den Kopf von anderen Dingen freizuhalten. Genießen heißt auch beim Essen, in diesem Augenblick ganz bei sich zu sein.

Genießen tut Leib und Seele gut.
Das Geheimnis liegt darin,
alles zu genießen, was du jetzt
und hier hast.

Tipp 13

Nutze die Wirkung von Musik

Musik kann aufwühlen, entspannen oder gute Laune machen. Nutze die positive Wirkung! Geräusche, Klänge und Rhythmus begegnen uns bereits im Mutterleib. Wir hören den Herzschlag und auch die Stimme unserer Mutter. Unsere Mutter hat uns vielleicht zum Einschlafen ein Schlummerlied gesungen. Im Kindergarten lernen wir Lieder zu Ostern, Weihnachten und zum Geburtstag. Später wählen wir uns unsere Musik selbst aus, entscheiden uns für die Musik, die gerade in unserem Freundeskreis angesagt ist und zu unserer Lebenseinstellung passt. Einerseits verknüpfen wir mit der Musik eine ganz bestimmte Stimmung. Andererseits können wir Musik auch einsetzen, um Körper und Seele positiv zu beeinflussen.

Daher lautet Tipp Nr. 13 des Lebensfreude-Trainings:

> ***Nutze die positive Wirkung von Musik, um in dir Lebensfreude zu wecken!***

Musik kann Wohltaten in dir vollbringen. Sie kann

- deine Glückshormone zum Fließen bringen und für gute Laune sorgen.
- dich beruhigen.
- deine Atmung normalisieren.
- dich beleben und aktivieren.
- deine Schmerzen reduzieren.
- deinen Blutdruck senken und den Herzrhythmus normalisieren.

Natürlich hängen diese Wirkungen davon ab, wie eine bestimmte Musik bei dir ankommt.

Erstelle dir eine „musikalische Hausapotheke“

Beginne deshalb damit, dir eine „musikalische Hausapotheke“ zusammenzustellen. Frage dich:

- Mit welchen Musikstücken, Liedern und Songs verknüpfe ich positive Erinnerungen an schöne Momente und Erlebnisse?

- Bei welchen Musikstücken, Liedern und Songs habe ich mich glücklich, geliebt, selbstbewusst oder energiegeladen gefühlt?
- Bei welchen Musikstücken, Liedern und Songs fühle ich mich entspannt und gelassen?
- Wann wirken diese Musikstücke, Lieder und Songs am stärksten auf mich?
- Verstärkt sich die Wirkung, wenn ich mitsumme, mitsinge, mitklatsche oder mittanze? Oder ist es am besten, wenn ich die Musik selbst auf einem Instrument spiele oder improvisiere?

Was du für dich gewinnst

Sobald du deine „musikalische Hausapotheke“ erstellt hast mit Musikstücken, Liedern und Songs, die dir etwas bedeuten, hast du blitzschnell ein einfaches und sehr wirkungsvolles Mittel an der Hand, um deine Stimmung nach Lust und Laune in die eine oder andere Richtung zu beeinflussen.

Musik bringt deine Seele zum Tanzen.

Tipp 14

Sei offen für Neues

Wer aufhört, Neues zu lernen, der baut ab. Neugierde fördert dagegen die innere Zufriedenheit.

Höchstwahrscheinlich hast du auch schon an dir selbst bemerkt, dass alles, was zur Routine wird, zwar kaum Energie erfordert und auch ein Gefühl der Sicherheit gibt, aber gleichzeitig auch irgendwie langweilig wird. Die Glückshormone wollen nicht mehr so richtig fließen.

Deshalb lautet Tipp Nr. 14 des Lebensfreude-Trainings:

> *Wage immer wieder Neues und bewahre dir deine Neugier!*

Die Natur hat es so eingerichtet: Wenn du dir immer wieder etwas Neues vornimmst, dann wirst du dafür auch belohnt werden.

- Dann fließen deine Glückshormone und du fühlst dich gut.
- Dann wächst dein Selbstvertrauen.

- Dann verspürst du Energie, weil du ein Ziel vor Augen hast.
- Dann trainierst du deine Konzentrations-, Lern- und Problemlösefähigkeit.
- Dann trainierst du dein Anpassungsvermögen.
- Dann bist du stolz, weil du dir eine neue Aufgabe zugetraut und dein Ziel erreicht hast.

Natürlich bedeutet das nicht, dass du dich überfordern solltest. Zu viel Neues oder ein zu hohes Ziel können leicht auch in Frust enden. Was kannst du tun, um deine Neugier und dein Interesse zu erhalten?

- Lerne, dich Aufgaben ein wenig wie ein kleines Kind zu nähern, mit der Einstellung: „Ich möchte es auch wissen!“, oder: „Ich möchte es auch haben!“
- Frage kritisch nach, wenn du dich beim Einwand ertappst: „Ich bin zu alt“ oder: „Ich bin zu unbegabt“. Woher weißt du das und stimmt das wirklich?
- Pflege regelmäßigen Kontakt zu jüngeren Menschen.
- Lies Bücher und Zeitschriften und Blogs, höre Vorträge und Podcasts und schaue Videos über Themen, in denen du dich nicht auskennst.

- Variiere deinen Alltag. Gehe oder fahre Wege, die du bisher nicht genutzt hast. Iss Lebensmittel, die du noch nicht gekostet hast etc.

Was du für dich gewinnst

Wenn du ab und zu deine Komfortzone verlässt und Neues ausprobierst, erweiterst du deinen Handlungsspielraum. Je öfter du dich darin übst, desto weniger Angst wirst du haben, etwas Neues zu probieren. Du wächst über dich hinaus, auch wenn es klitzekleine Veränderungen sind. Es fördert deine Flexibilität und deine Lebensfreude.

Wer träumen kann
und neugierig ist,
wird nie alt.

Tipp 15

Liebe dich selbst

Wer sich selbst sein größter Feind und Gegner ist, der wird seines Lebens nicht froh. Deshalb lautet Tipp Nr. 15 des Lebensfreude-Trainings:

> ***Begegne dir selbst so, wie du einem lieben Menschen begegnen würdest.***

Hast du schon einmal beobachtet, ob du innerlich etwas zu dir sagst oder etwas über dich denkst, wenn du in den Spiegel schaust? Wenn es dir wie vielen anderen Menschen geht, dann sagst du dir in der Regel nicht gerade etwas Schmeichelhaftes: Du findest vielleicht deine Nase zu groß, kommentierst Falten in deinem Gesicht oder verurteilst dich für deinen Bauch. Vielleicht greifst du dich beim Anblick deines Spiegelbilds auch generell an und beschimpfst dich als ablehnenswerten Menschen.

Es ist nur logisch, dass es dir dann nicht gerade gut geht und deine Stimmung im Keller ist. Vielleicht würdest du dich am liebsten wie einen alten Koffer zum Sperrmüll bringen. Denn die Kommentare, die du über dich machst, wirken stärker, wenn du sie zu deinem Spiegelbild sagst.

Doch du kannst den Spieß auch umdrehen und dein Spiegelbild nutzen, um deine Lebensfreude-Muskeln zu trainieren. Was du dabei verwenden kannst, sind positive Suggestionen. Positioniere dich dazu am besten gleich noch einmal vor einem Spiegel und schau dir in die Augen. Versuche, dir selbst dasselbe Gefühl entgegenzubringen, das du verspürst, wenn du deinem besten Freund begegnest. Nun sage dir etwas Nettes. Wie wäre es mit:

„Schön, dass es dich gibt."

„Ich danke dir, dass du mir zur Seite stehst."

„Auf dich kann ich mich verlassen."

„In deiner Begleitung fühle ich mich wohl."

Noch besser wirken die Suggestionen, wenn du sie laut aussprichst, dich dabei anlächelst und deinen Namen sagst. Es ist normal, wenn du dir dabei anfangs etwas albern vorkommst. Das legt sich mit zunehmender Übung. Wenn dir während dieser Übung abfällige Bemerkungen über dich durch den Kopf gehen, dann nimm sie zur Kenntnis und sage ihnen: „Das ist eure Sicht von mir. Ich sehe das anders." Und Schluss!

Selbstliebe ist dein Sicherheitsgurt für die Stolpersteine in deinem Leben. Sie schützt dich vor Kränkungen und seelischen Verletzungen, Minderwertigkeits-gefühlen und Selbstvorwürfen.

Tipp 16

Nutze deine Vorstellungskraft

Dein Kopfkino hat einen großen Einfluss auf deine Gefühle. Deshalb lautet Tipp Nr. 16 des Lebensfreude-Trainings:

> ***Wähle sorgfältig die Filme aus, die du in deinem Kopf ablaufen lässt!***

In deinem Gehirn gibt es eine riesige Filmproduktionsfirma. Vielleicht hast du sie noch nicht so deutlich registriert, aber sie existiert. Immer dann, wenn du dich an Erfahrungen aus deiner Vergangenheit erinnerst, erscheint vor deinem inneren Auge ein mehr oder weniger deutlicher Film. Auch dann, wenn du an die Zukunft denkst, wirst du dir diese wahrscheinlich in Bildern ausmalen.

Du selbst führst die Regie und entscheidest, welche Art von Filmen gedreht und gespielt werden – ob es beispielsweise mehr Horrorfilme, romantische Filme oder Filme mit Happy End sind. Du entscheidest auch, ob du beispielsweise Farb- oder Schwarzweißfilme, Filme mit vielen Nahaufnahmen oder mit eher verschwommenen oder klaren Bildern produzierst. Vergleichbar mit den Filmen im Kino, beeinflusst all das deine Gefühle.

Beginne also am besten erst einmal damit, dir dein Kopfkino bewusst zu machen. Du kannst so vorgehen, dass du dir gezielt ein besonders positives Ereignis in Erinnerung rufst und dabei beobachtest, ob ein Bild auftaucht.

Wenn du ein Bild erkennen kannst, dann schau dir dieses Bild genauer an:

- Welche Größe hat das Bild?
- Ist es hell oder dunkel?
- Ist es eine Nahaufnahme oder weiter weg?
- Ist es scharf oder verschwommen?
- Bist du im Bild oder beobachtest du dich von außen?
- Hat das Bild einen Rahmen?

Je mehr Einzelheiten du dir bewusst machen kannst, desto besser kannst du in Zukunft deine Lebensfreude-Muskeln stärken. Du kannst natürlich auch noch die Geräusche miteinbeziehen. Ein Regisseur benutzt ja auch Filmmusik, um die Gefühle im Publikum zu verstärken. Wenn es dramatisch wird, ob kurz vor einem Verbrechen oder der großen Liebesabschiedsszene wird die Musik gewöhnlich ganz laut.

So könntest du dich daran erinnern, wie dir dein Chef vor versammelter Belegschaft ein Lob ausspricht, und du hörst das Lob richtig laut. Du kannst sogar auch einen Tusch dazu ertönen lassen. Noch eine größere Wirkung haben deine inneren Vorstellungsbilder, wenn du dir auch deine körperlichen Empfindungen lebendig in Erinnerung rufst. So könntest du dich an die Meeresbrise auf deiner Haut im letzten Urlaub an der See erinnern – oder an die angenehme Wärme und Geborgenheit, die du beim Kuscheln mit deinem Partner empfunden hast. Auch die Erinnerung an einen angenehmen Geruch und Geschmack können deine positiven Gefühle verstärken.

Was du für dich gewinnst

Du siehst also, dass du mehr Möglichkeiten als ein Filmregisseur hast, um deine Gefühle zu beeinflussen. Nutze deine Vorstellungsbilder ganz bewusst. Rufe dir ein schönes Erlebnis aus der Vergangenheit in Erinnerung oder male dir eine schöne Erfahrung in der Zukunft aus. Du brauchst nicht zu warten, bis dir im Alltag wirklich etwas Schönes widerfährt.

Wenn wir an den Grenzen unserer Möglichkeiten und Fähigkeiten angekommen zu sein glauben, dann sind wir in Wahrheit oft nur an den Grenzen unserer Vorstellungskraft angelangt.

Herzlichen Glückwunsch

Schlusswort

Dein Lebensfreude-Training ist zu Ende – schön, dass du bis hierher gekommen bist. Auf dieser Grundlage kannst du nun herausfinden, was für dich persönlich Lebensfreude bedeutet, und genau das üben. Denn, wie bei jedem Training, gilt auch hier: Wenn du einen starken Lebensfreude-Muskel haben möchtest, dann darfst du niemals aufgeben, ihn zu trainieren. Um dich dafür noch ein wenig zu motivieren, entführen wir dich zum Schluss in deine ganz persönliche Welt der Lebensfreude und machen sie für dich wahrnehmbar.

Stell dir vor, du hast tief und gut geschlafen. Du wachst morgens auf und fühlst dich rundum zufrieden und glücklich. Beantworte folgende fünf Fragen:

- Woran würdest du merken, dass dein Leben voller Lebensfreude ist?
- Wer außer dir würde es noch merken und woran?
- Was würdest du anders machen?
- Was würde dadurch anders werden?
- Was wäre dadurch möglich?

Jetzt hast du vielleicht eine Vorstellung, in welche Richtung sich dein Leben verändern kann. Frage dich nun: „Welche ersten kleinen Schritte beziehungsweise welche der 16 Tipps möchte ich konkret umsetzen?“

Gehe zuletzt noch einmal in deine Wahrnehmung. Wie fühlst du dich, wenn dein Leben voller Lebensfreude ist. Wo genau im Körper spürst du das Glücksgefühl? Es kann ein warmes Gefühl im Bauch sein, ein freies Gefühl im Kopf oder ein Aufatmen. Wichtig ist, dass du in dich hineinspürst, wo und wie sich deine Körperempfindung verändert. Dieses ganz eigene Gefühl kannst du als Anker benutzen, wenn du die Tipps ausprobierst und daran arbeitest, mehr Lebensfreude in dein Leben zu lassen. Erinnere dich in Zukunft an das schöne Gefühl und nutze es, um viel Freude zu erleben und zu genießen.

Alles Gute für dich!
Deine

Doris Wolf und Maja Günther

Über die Autorinnen

Dr. Doris Wolf ist Diplom-Psychologin und arbeitet seit über 35 Jahren als Verhaltenstherapeutin in eigener Praxis. Seit den 1980er-Jahren veröffentlicht sie zahlreiche Ratgeber zu psychologischen Themen, die allesamt zu Bestsellern wurden. Und sie ist Autorin des *Lebensfreude-Kalenders*, des meistgekauften Kalenders im deutschsprachigen Raum.

Maja Günther ist Diplom-Soziologin und arbeitet seit über 15 Jahren als therapeutische Beraterin und Coach für Einzelpersonen und Paare sowie als externe Mitarbeiterberaterin und Trainerin für namhafte Unternehmen. Daneben ist sie als Autorin, Herausgeberin und Hörbuchregisseurin tätig und produziert den Podcast „Wecke deine Lebensfreude".

Weitere Bücher, Kalender und Produkte von Doris Wolf und Maja Günther

Maja Günther/Andrea Sterr
Durch die Krise begleiten
ISBN 978-3-923614-72-1

Maja Günther/Doris Wolf
Das Geheimnis erfüllter Beziehungen
ISBN 978-3-910253-05-6

Maja Günther
Das Lebensfreude-Kartenset
Box mit 36 Karten und
16-seitigem Begleitheft
ISBN 978-3-923614-82-0

Maja Günther/Doris Wolf
Lebensfreude jetzt!
Tischaufstellkalender mit
52 Kalenderblättern
ISBN 978-3-923614-82-0

Die Produkte des PAL Verlags sind im Buchhandel erhältlich oder in unserem PAL-Onlineshop:
www.shop.palverlag.de